à la comtesse du Barry
à madame Maréchale,
un plus joli profil du siècle

ce règne et a pour enseigne

profil de fée

VIVIANE

Jean Lorrain

Mai 1886

DU MÊME AUTEUR

LE SANG DES DIEUX, avec un dessin d'après *Gustave Moreau*, 1 vol. in-18 jésus, prix.. 3 50
LA FORÊT BLEUE, avec un dessin d'après *Sandro Botticelli*, 1 vol. in-18 jésus, prix.. 3 50
MODERNITÉS, 1 vol. in-18 jésus, prix........................ 3 50

EN PRÉPARATION

LES HÉRODIENNES, 1 vol.

THÉATRE

LA DAMNATION DE PIERROT.
YANTHIS.

JEAN LORRAIN

VIVIANE

CONTE EN UN ACTE

Ainsi donc tu le veux,
Couleuvre aux yeux de femme? Apprends donc la légende.

PARIS

NOUVELLE LIBRAIRIE PARISIENNE

E. GIRAUD ET Cie, ÉDITEURS

18, RUE DROUOT, 18

—

1885

TOUS DROITS RÉSERVÉS

VIVIANE

CONTE EN UN ACTE

PERSONNAGES

LE CONTEUR.
MYRDHINN.
VIVIANE.

Viviane. — Robe étroite et très longue, vert de mer à arabesques d'argent, épaules et bras complètement nus... La robe d'un ton glauque et verdâtre est relevée sur le devant sur une jupe de brocart bleu pâle brodée de fleurs d'or et de soie rose... Sur les cheveux roux, presque cuivre, libres et flottants sur les épaules, un hennin de toile d'argent pailletée d'or, très haut ; double voile en gaze d'argent flottant. Les bras nus sont chargés de bracelets et d'anneaux d'orfévrerie précieuse, collier de perles au col... Viviane doit être svelte et très blanche, profil très pur, physionomie inquiétante et charmeresse, allures onduleuses.

Myrdhinn. — Grande robe à larges manches de samit écarlate, bordée de trèfles d'or, nu-tête et nu-pieds. Longue barbe blanche tombant sur la poitrine, cheveux blancs emmêlés et flottants sur les épaules, très grand de taille et très robuste encore... Air de bienveillance et de tristesse.

Le Conteur. — Costume de jongleur, la veste courte, le maillot collant, les cheveux longs et bouclés sous le bonnet florentin.

La scène représente une vieille salle gothique, au plafond en voûte, soutenu de place en place par des piliers trapus.

Le Conteur est assis, les jambes croisées, sur un escabeau, à droite de la scène. Un vieux missel est ouvert sur ses genoux.

LE CONTEUR, *lisant*.

Tome deux, page vingt, du livre des légendes.
Comment, Arthur régnant sur les races normandes
Des bois de Carleonn aux monts de Pen-Armor,
Viviane, la fille onduleuse aux crins d'or,
Courtisane galloise experte en félonie,
Des douze preux d'Arthur ayant été honnie
Pour sa langue envieuse et ses viles amours,
Se vengea.

Retirée au fond des grands bois sourds
Dits de Brocéliande, elle endormit dans l'ombre
Myrdhinn, le mage errant, le héros doux et sombre,
Le bienfaiteur d'Arthur et du peuple breton.
Les vieux harpeurs gallois ont conservé son nom.

(*Parlant à lui-même.*)

Viviane et Myrdhinn, les noms d'une romance
Célèbre au gai pays d'Anjou...

       Mais je commence :

(*Lisant.*)

C'était aux siècles d'or éclipsés pour toujours
Des combats fabuleux et des longues amours.
Les blés étaient en fleur et dans Brocéliande
L'iris bleu, ce joyau des sources, la lavande
Et la menthe embaumaient ; c'était aux mois bénis,
Où le hallier s'éveille à l'enfance des nids,
Et les pommiers neigeaient dans les bois frais et calmes.
Au pied d'un chêne énorme, entre les larges palmes
Des fougères d'avril et les touffes de lys,
Viviane et Myrdhinn étaient dans l'ombre assis.

Le fond du théâtre s'entr'ouvre et disparaît, laissant voir un ravin sauvage et tout en fleurs de la forêt de Brocéliande.

A gauche, au pied d'un chêne énorme et dont les ombrages envahissent la scène, l'enchanteur Myrdhinn est assis, nu-tête et nu-pieds, triste et comme affaissé dans une rêverie profonde. Aux pieds de Myrdhinn et la tête appuyée sur ses genoux, Viviane est étendue dans une pose suppliante, des guirlandes de feuillage à demi tressées retenues dans un pli de sa robe.

Au tronc du chêne, un peu au-dessus de la tête de Myrdhinn, sont suspendus une outre, une épée et un grand casque héraldique en or, ailé d'or rouge et surmonté d'un mufle de tarasque.

Auprès du chêne, immenses touffes de fougères, de bardanes, de glaïeuls, d'iris et de lys jaunes en fleur, végétation féerique et luxuriante... Au fond du ravin qui termine le décor, long cordon de pommiers et d'aubépines en fleurs, tout blanc au pied d'un bois de sapins noirs.

Myrdhinn et Viviane gardent tous deux le silence.

Scène Ire

Myrdhinn, Viviane.

VIVIANE *appuyant ses bras nus aux genoux de Myrdhinn et le fixant dans les yeux.*

M'aimez-vous, ô Myrdhinn, m'aimez-vous, puissant maître ?
(Elle se dresse à demi et le couronne de sa guirlande de fleurs.)
Voyez, j'ai de mes doigts tressé ces fleurs de hêtre
Pour votre front de mage et vos cheveux d'aïeul.
(Silence de Myrdhinn. Elle se laisse retomber à ses pieds.)
Il se tait... et sa barbe est comme un grand linceul,
Où la parole morte est à jamais raidie.
(Se rapprochant et posant sa tête sur les genoux de Myrdhinn.)
Le hâle et l'air des bois m'ont-ils donc enlaidie
A ce point, qu'aujourd'hui, dédaigneux de me voir,
Vous refusiez, Myrdhinn, à mes yeux le miroir
De vos yeux, vos chers yeux emplis de mon image
Jadis ?
(Elle baisse la tête et tristement comme à elle-même.)
    Sita jadis aima d'amour un mage,
Mais l'amour de Sita n'était pas morne et seul.

MYRDHINN

Mais l'amour de Sita respectait son aïeul.
J'ai de la neige au front... enfant, et c'est folie
De vouloir éveiller dans l'ombre ensevelie
La jeunesse défunte et l'amour apaisé.

VIVIANE

C'est bien... Je me tairai sans quêter de baiser.
Voyez, je m'enveloppe et revêts de sagesse.
(Elle se hausse en rampant jusque sur les genoux de Myrdhinn, s'y assied,

lui passe un bras autour du cou, de l'autre main ouvre la barbe de Myrdhinn autour d'elle, s'en enveloppe et là, blottie, lui peigne la barbe et chante à mi-voix.)

Une vieille araignée, effrayante et traîtresse,
Ayant au fond des bois tendu ses rêts d'argent,
Gardait dans l'ombre obscure un silence méchant.
Vint à passer auprès, lumineuse et vibrante,
Une mouche d'été, folle âme au bois errante.
Le monstre eut bientôt fait d'arrêter son essor
Et dévora vivante au bois l'abeille d'or.

MYRDHINN

Et l'abeille chantait, même étant dévorée !
(Il lui caresse les cheveux.)
O lourds cheveux d'or fauve et langue plus dorée,
Mais j'ai quatre-vingts ans, moi, je suis un vieillard ;
O blanche étoile errante en mon triste brouillard,
Viviane, à quoi bon ces espiègles caresses
De jeune amante à moi, si vieux ? Quelles tendresses
Puis-je vous inspirer et que veulent de moi
Ces grands yeux attachés sur les miens ? Oui, pourquoi
Tout ceci ! Néanmoins Myrdhinn vous remercie ;
Vous l'avez fait sourire et mon âme obscurcie
Par vous s'est éclairée, enfant rieuse.
(Il se dégage et la repousse doucement.)

VIVIANE *se dressant debout.*

                  Enfin,
Vous avez retrouvé la parole.
              (Elle se rassied.)
                       Un devin
Breton, étant tombé, dit un conte, en enfance,
Croyait devenir fée en gardant le silence.
Vous au moins vous parlez, vous avez une voix.

MYRDHINN, *lui prend la main, et comme se parlant à lui-même.*

Ecoutez. Le passé nous avertit parfois.
(Très lentement d'abord, puis s'animant peu à peu.)
Quand j'étais droit et fort... au temps de ma jeunesse,
Neuf compagnons et moi, tous les dix dans l'ivresse
De nos vingt ans, joyeux et de gloire jaloux,
Au pied de ce grand chêne avions pris rendez-vous

Pour courir l'aventure et conquérir le monde.
Comme nous étions là, devisant à la ronde,
L'un d'entre nous, prenant son olifant d'airain,
Fit soudain éclater dans un mâle refrain
Un tel enthousiasme enragé par la gloire,
Qu'on eût dit un appel farouche à la victoire,
Une insulte à la mort, tant ce chant mâle et fier
Sonnait, ardent et sombre, avec un bruit de fer :
Et nous l'écoutions tous ravis, l'âme exaltée,
Quand un cerf à nos pieds, comme une ombre argentée,
Partit dans la broussaille au clair appel du cor ;
Et chacun reconnut le cerf aux cornes d'or,
L'animal fabuleux des chasses légendaires.
Le cerf aux cornes d'or, qu'à travers les clairières
Tous les rois ont chassé dans la brume et le vent
Et sans jamais l'atteindre.

(Il se lève, Viviane le suit.)

                    Alors nous soulevant
Sur nos selles, dans l'ombre et la forêt brumeuse
Nous chassâmes trois jours la bête merveilleuse,
Luttant avec le vent, l'éclair des cornes d'or
Dans les yeux, tressaillant au fauve appel du cor,
Et l'enivrant écho de la chanson superbe
Tournoyait sous le chêne et bondissait dans l'herbe
Et, le col en sueur, l'écume sur le mors,
Nos dix chevaux cabrés partageaient nos transports.

    (Lentement.)

Le cerf s'évanouit à la source des Fées,
Cette source fameuse, où des voix étouffées
Semblent rire et tantôt gronder sous le flot clair.

VIVIANE

Oui, je sais... qu'un enfant y jette un clou de fer,
Une épingle... elle rit ! l'eau bavarde et murmure ;
Mais qu'on y trempe un casque, un glaive ou quelque armure,
Voici le flot qui gronde et bouillonne en courroux.

MYRDHINN

Tout en causant du cerf et raillant entre nous
Notre espoir chimérique et notre course vaine,

Nous allions tourner bride et quitter la fontaine,
Quand, dans l'ombre attiédie et calme des grands bois,
Un murmure invisible, un chœur ailé de voix
Si douces, qu'on eût dit un vol errant d'abeille,
Nous arrêta.
    (Mouvement de Viviane.)
       Ravis, nous prêtâmes l'oreille
Et serions, enivrés, restés là jusqu'au soir
Si mon vieil écuyer, étonné de nous voir
Chanceler et pâlir, n'eût vu le sortilège
Et ne nous eût crié : « Souvenez-vous d'Alphège ! »
Nous rappelant alors Alphège et les deux rois
Trouvés morts avec elle au clair ruisseau des bois.
Nous mîmes pied à terre, et loin des sources vides
Regagnâmes la ville.
  (Il se rassied, Viviane s'assied auprès de lui.)
      Au loin les voix plaintives
Chantaient dans la nuit claire et raillaient nos terreurs.
  (Il prend la main de Viviane.)
Hé bien, quand tout à l'heure avec vos doigts frôleurs
Vous caressiez ma barbe et, faisant la craintive,
Vous vous disiez abeille entre mes rêts captive,
Votre douce chanson m'a troublé... Le passé
M'est apparu soudain et, le cœur enlacé
Dans les nœuds étouffants d'une trame invisible
  (Il se lève)
J'ai senti près de moi la mort !

VIVIANE

    Est-ce possible !

MYRDHINN

C'est ainsi... j'ai cru voir la source au fond des bois
Claire et calme, et dans l'ombre, où murmuraient les voix,
J'étais moi-même assis, sans escorte et sans arme,
Ebloui, subjugué, par je ne sais quel charme
Que vous seule saviez, c'étaient des rythmes d'or
Et des pas enlacés.
    (Viviane se lève tout à coup.)
       Et j'étais comme mort ;
L'herbe autour de mon front montait épaisse et noire

Et vous chantiez dans l'ombre, et lentement ma gloire,
Ma vie et mon renom se retiraient de moi.

VIVIANE, *presque menaçante.*
Myrdhinn !

MYRDHIN

O douce enfant, pardonnez mon émoi.
(Il lui prend les mains, l'attire à lui, et la force à s'asseoir auprès de lui sous le chêne.)
Mon cœur a tressailli depuis sous vos caresses.
Aussi pour ma méprise et toutes mes tendresses,
Par vos soins méconnus, vous dois-je une faveur ?
Demandez, Viviane, osez... votre ferveur
A m'aimer malgré moi l'a certes méritée...
Fut-elle étrange et folle... allez, belle irritée,
Le vieux loup s'apprivoise et cède à votre voix.
(Viviane se laisse glisser aux genoux de Myrdhinn, le contemple un instant en silence, comme en adoration, puis, lui prenant les deux mains, s'agenouille devant lui.)

VIVIANE

Est-ce vous que j'entends ? est-ce vous que je vois ?
La triste Viviane enfin serait aimée
Du sauvage Myrdhinn, et cette âme fermée
Consentirait enfin à fleurir sans effroi
Dans mon ombre implorante... O mon barde, ô mon roi,
Tu seras le grand chêne et moi l'humble liane...
Apprends donc le secret espoir de Viviane.
(Elle s'assied aux pieds de Myrdhinn, la tête renversée sur les genoux et posée entre les mains du vieillard, d'une voix douce et câline.)
Myrdhinn, vous souvient-il d'un soir où (dans vos doigts
J'avais posé mon front) vous m'avez à mi-voix
Et, comme en me berçant doucement en cadence,
Parlé d'un charme étrange, un charme fait de danse,
De pas entrelacés et de syllabes d'or.
Ce charme, chant sacré de prêtresse d'Endor,
Était, me disiez-vous, d'une puissance telle,
Que sa danse aux guerriers était parfois mortelle,
Et que l'être endormi dans son divin accord
Demeurait à jamais les yeux clos, comme mort,

Invisible et pourtant, ajoutait la légende,
Toujours vivant dans l'ombre enfermé... La demande
Qui sur ma lèvre expire, hélas ! méchant devin,
Tu la connais : dis-moi ce chant sombre et divin.
Le disciple est la gloire en gerbe du prophète.
Prends l'humble Viviane, ami, pour interprète
Et j'irai, proclamant ta puissance et ton nom...
Une bouche de femme on l'écoute... mais non,
Tu détournes la tête et gardes le silence.
Myrdhinn, apprends-le moi, ce charme fait de danse,
D'ombre et de pas rythmés dans un puissant accord !
Notre amour en sera plus intime et plus fort.
Le secret partagé nous donnera le calme,
Je serai plus à toi, quand je serai ta palme,
Ta gloire, ton secret... O vieillard soupçonneux,
Pourquoi me refuser ?.. En cédant à mes vœux,
Tu crains, va, je le sais, de me donner une arme
Contre toi-même... Hélas ! ai-je eu peur de ce charme,
Quand je t'ai suivi seule en ce grand bois obscur ?
Si tu voulais, mes yeux seraient clos à l'azur,
Je le sais : tu pourrais me retenir captive,
A jamais invisible à tous et morte-vive
Avec l'herbe fleurie et l'ombre pour linceul.
O Myrdhinn, souviens-toi de Tristan et d'Yseul !
Comme eux deux égarés dans la clarté des branches,
Il serait doux pourtant de cueillir les pervenches
Sous le chêne et de boire aux sources des forêts,
Vivant du même amour et des mêmes secrets.
Myrdhinn, apprends-le moi ce charme fait de danse,
Dis, cède à mon désir, mon maître, aie confiance...
C'est là l'unique preuve, ami, de votre amour,
Que Viviane implore et vous y restez sourd !...
Myrdhinn, vous êtes sage et personne n'ignore
Votre gloire, et pourtant vous m'ignorez encore.

(*Viviane qui, durant cette tirade, s'est traînée aux genoux de Myrdhinn, en le caressant et lui étreignant les doigts, lui retire brusquement ses mains des siennes et s'assied farouche à ses pieds.*)

MYRDHINN, *comme à lui-même*

Oui, j'ignore la femme et j'ignore demain ;
Car, si fameux que soit mon vain savoir humain,

Non, je ne fus jamais ni plus fou ni moins sage,
Que le jour où, séduit par ce malin visage,
Je parlais devant lui de ce charme endormeur...
Mes soupçons n'étaient pas une farouche humeur...
J'ai lu dans vos regards... vous êtes curieuse,
Viviane... Eve aussi : comme elle ambitieuse,
Fausse, habile à tromper... malgré votre front pur
Je vous sais l'âme éprise au fond d'un rêve obscur.
Les philtres enchantés, faits d'ombre et de mensonge,
Vous attirent : la gloire est la fille d'un songe,
O songeuse... et vos yeux, où brille la splendeur
Des sommets entrevus, m'ont appris la grandeur
De vos espoirs de femme et de vos destinées.

(Prenant la main de Viviane, l'attirant à lui et la regardant dans les yeux.)

Vous ! vivre au fond des bois ! De vos mains raffinées
Cueillir l'herbe-racine et puiser au marais !
Vous captive d'amour... enfant !

(Il la repousse.)

                             Non, les vrais rêts
Dangereux, ce n'est pas cette barbe de cendre,
Mais ce sont ces cheveux couleur d'aurore et d'ambre,
Caresse, ombre et parfum où, pour mieux enlacer,
Tout a l'enivrement de l'or et d'un baiser.

(Silence. Viviane se dresse lentement, puis debout, fixant Myrdhinn, d'une voix d'abord glacée, puis s'emportant.)

VIVIANE

J'ai supplié, ta bouche a gardé le silence.
Bien, je vivrai sans charme et toi sans confiance.
Garde-le donc ton charme et son rythme païen,
Garde-le, mais surtout, Myrdhinn, garde-le bien ;
Car si jamais mes yeux venaient à le surprendre,
Je n'aurais ni pitié de ces cheveux de cendre,
Ni souci de ton âge et je me souviendrais
De cette bouche habile à garder les secrets.

(Elle s'avance sur lui.)

Comme toi, je dirais le mot qui déshonore,
Le mot qui fait aimer et fait aimer encore,
Comme j'aime moi-même, errante et les yeux fous,
De ma gloire oublieuse... oui, mon cœur est jaloux.
Jaloux de ton amour et jaloux de ce charme.

Grâce à lui, mon bonheur tremble dans une larme,
Grâce à lui, mon amour est tressé de soupçons.
(Saisissant les mains de Myrdhinn et s'asseyant près de lui.)
Va, je sais bien qu'au loin, dans l'ombre et les frissons
De grands bois inconnus, où nul écho n'arrive,
Tu gardes endormie une belle captive,
Une reine... Autrefois Fayel m'a dit son nom.
Elle est près d'une source et dans le bois profond.
Si l'œil des rois chasseurs s'ouvrait à la lumière,
Plus d'une apparaîtrait, qui dort dans la clairière,
Sous le charme invisible et captive à jamais !
(Se laissant glisser aux pieds de Myrdhinn.)
Ces femmes, cependant, Myrdhinn, tu les aimais !
Au fond d'un rêve obscur tu les poursuis encore
Peut-être, et je suis là, qui te prie et t'implore...
Ah ! ce pouvoir fatal, oh ! ce charme exécré
Qui te ravit à moi, Myrdhinn, je le saurai...
(Implorant Myrdhinn et se traînant à ses pieds.)
Vois, mon corps à tes pieds rampe, amoureuse offrande !
Myrdhinn, dis-moi le charme et la vieille légende.

    MYRDHINN *rêveur, les yeux baissés et ses mains dans celles*
        de Viviane étendue à ses pieds.

Jalouse !.. et j'ai toujours, comme un lys, vénéré
Ce front pâli... jalouse... et ce beau corps nacré
N'a jamais effleuré les rêves de ma couche.
(Se penchant sur Viviane et lui souriant.)
Le charme ! son seul nom flétrirait votre bouche,
Comme une fleur d'été, si je venais jamais
A vous l'apprendre un jour... Vivez donc désormais
Sans charme, Viviane... au bord des sources claires
Peignez vos lourds cheveux, errez par les clairières
Et laissez ce dessein dans un songe effleuré.
Le charme est dans les bois, les blés, ce lys doré,
Dans tout ce qui fleurit pour qu'une fleur renaisse :
Car le charme invincible, enfant, c'est la jeunesse,
La jeunesse ! astre d'or éclipsé pour jamais
De ma vie et des yeux de celle que j'aimais.
(Il se lève, dégage ses mains de celles de Viviane et s'avance sur la scène.)
Je suis las de ruser, cette femme m'obsède.
(Viviane est restée stupéfaite, assise au pied du chêne. — Myrdhinn, comme

en proie à une sourde agitation, arpente lentement la scène, la tête inclinée en avant, les deux mains jointes à hauteur des genoux. Viviane l'a suivi du regard, s'est levée à son tour, l'observe d'un œil oblique, puis s'avançant sur le devant du théâtre.)

Scène IIe

Viviane

Quoi, j'aurais appelé, calme et lente, à mon aide
Et les pleurs de mes yeux et les pleurs de ma voix,
Et la complicité des sources et des bois,
Et ce charme maudit m'échapperait encore !
   (Désignant Myrdhinn enfoncé dans sa rêverie.)
J'aurais à ce sépulcre offert ma jeune aurore
Et fait de mes vingt ans à ce spectre un tapis,
Pour joindre cet outrage aux anciens maux subis !
Non, mon âme n'est pas à ce point résignée.
   (D'une voix sourde et concentrée.)
Apre et noir souvenir d'une amour dédaignée,
Hautain mépris d'Arthur, longs regards méprisants
Des suivantes, propos cruels et médisants,
Et toi, spectre exécré, triomphante Genèvre
Tendant ta main royale et haïe à ma lèvre,
Revenez, revenez fomenter mon ardeur
Eteinte, et rallumer ma sauvage impudeur ;
Revenez, lourds affronts dévorés en silence
Et vibrant dans mon cœur comme des fers de lance,
Revenez m'enivrer de rage et de courroux,
Que triomphante enfin, la fille aux cheveux roux,
La Viviane errante et de tous méprisée,
Viviane, autrefois la serve et la risée
Des reines, redressant soudain un bras obscur,
Cloue au mur des affronts la couronne d'Arthur !
(Regardant Myrdhinn appuyé contre un arbre, le front au revers de sa main.)
Et le charme surpris me donnerait la gloire !
   (Menaçant Myrdhinn.)
Oh ! pétrir sous mes doigts ce vieux crâne d'ivoire,

Arracher le secret à ses mornes efforts
Et, lui, vaincu, perdu, plus forte que les morts,
Reparaître et, le cœur gros d'ancienne rancune,
Emplir enfin le monde et changer la fortune
Des rois indifférents et de ceux qui jadis
M'ont osé mépriser, moi !

(Avec transport.)

                Les cieux agrandis
S'entr'ouvrent !

         Mais déjà dans l'âpre solitude
Le soir en s'étendant met une quiétude ;
Déjà les lys de neige, au pied des chênes bruns,
Effleurés par la nuit, ont de plus doux parfums ;
Et bientôt sur les pins va se lever la lune.

(S'adressant aux arbres et touchant les fleurs autour d'elle.)

O complice éternelle, immense forêt brune,
Chênes mystérieux, amis de mon exil,
Et vous, coupes d'amour, troublantes fleurs d'avril,
Soyez tous cette nuit mes sauvages complices
Et je préserverai à jamais vos calices,
Lys d'or, et toi, forêt, tes chênes de l'hiver.

(La nuit, durant cette tirade, est descendue peu à peu sur la scène. Viviane cueille vivement quelques fleurs, une gerbe d'iris et de lavandes, puis, s'approchant à pas furtifs de Myrdhinn arrêté contre son arbre, elle lui met les deux mains sur les yeux en lui répandant les fleurs sur le visage.)

Scène IIIe

Viviane, Myrdhinn.

VIVIANE

Si Myrdhinn boude encore, il n'y verra plus clair
De sa vie, et ces flots d'iris et de lavandes
Lui feront un linceul odorant de guirlandes.

(Elle retire ses mains et s'appuyant à l'épaule de Myrdhinn qui garde le silence comme tout surpris.)

Vous ne répondez pas, maître, m'en voulez-vous ?

(Elle l'emmène doucement sous le grand chêne à leur première place. — Myrdhinn s'assied machinalement, Viviane se couche à ses pieds.)

Je veux rêver encore assise à vos genoux.
(Lui baisant la main)
Et je respecterai désormais vos caprices.
(Elle lui peigne la barbe et les cheveux restés pleins de fleurs.)
J'aime tant à peigner ces cheveux blancs et lisses.
(Elle prend une rose dans son corsage et la promenant sur les lèvres de Myrdhinn.)
Un mage, comme vous, doit aimer les odeurs !

MYRDHINN

Que réclament de moi ces doigts fins et rôdeurs !

VIVIANE

Rien. Laissez-moi croiser vos mains sur ma poitrine.
(Elle prend les mains de Myrdhinn et s'installant entre ses genoux, les lui croise sur sa gorge.)
Aimez-vous cette robe aux tons d'aigue-marine ?
Elle vient de Syrie et se moire d'argent,
Quand la lune au ciel brille.
(La lune vient de paraître sur les sapins au fond du ravin.)
                        Un sélam, un vieux chant
D'amour était plié dans l'ourlet de la robe.
Autrefois je l'ai su... mais le sens s'en dérobe
Aux yeux de Viviane : un sens mystérieux
Fuit toujours dans ces vers éclos sous d'autres cieux.
(Regardant Myrdhinn de bas en haut.)
Il était cependant d'une douceur touchante.
Dis, ce chant d'Orient, veux-tu que je le chante ?
(S'appuyant sur Myrdhinn.)
Vous du moins en saurez, étant magicien,
Saisir le sens obscur et le mystère ancien.

(La lune, en ce moment au-dessus du ravin, tombe en plein sur Viviane et les genoux de Myrdhinn. Viviane apparaît lumineuse et comme vêtue d'argent. Elle chante.)

      Des parfums de mes lourdes tresses,
      Mêlés au goût de mes baisers,
      J'ai fait de savantes caresses
      Pour les désirs inapaisés.

Au suc des chardons bleus des dunes
J'ai mêlé sous mes yeux ardents
Les froids rayons des vieilles lunes
Pris au froid émail de mes dents ;

Et j'en ai fait un clair breuvage,
Un vin d'espérance et de vœux,
Un philtre amoureux et sauvage
De la couleur de mes cheveux.

Rampante à tes pieds, en extase,
Suppliante au cœur douloureux,
J'exalte vers toi le beau vase
Ecumant du philtre amoureux.

La coupe au niveau de ta lèvre
Rayonne, et mes débiles mains
Dans l'espérance et dans la fièvre
Implorent les bleus lendemains.

Et tandis que, blême, j'écoute
Et fléchis au poids de l'affront,
Le vin déborde goutte à goutte
Et tu détournes, toi, le front !

Tu me dédaignes, mais prends garde !
Car la salamandre aux yeux verts
Est ma complice et te regarde,
Vieux mage implacable et pervers.

Des parfums de mes lourdes tresses,
Mêlés au goût de mes baisers,
J'ai fait de savantes caresses
Pour les désirs inapaisés.

VIVIANE, *regardant Myrdhinn.*

Maître, ai-je bien chanté ? Comprenez-vous mon chant ?

MYRDHINN

Oui, je comprends que l'âge a fait mon front d'argent
Et que je suis trop vieux, belle dame amoureuse,
Trop vieux pour votre ardeur attirante et fiévreuse.
Trop las pour votre rêve et l'impossible essor
Que médite votre âme ; et parmi vos crins d'or
En vain, voluptueuse et morbide couleuvre,

Pour me plaire avez-vous, enfant, mis tout en œuvre ;
Le sang de mes vingt ans, que l'âge a refroidi,
Trahit le vieux Myrdhinn, et dans l'ombre engourdi,
Songeur lourd de regrets, de tristesse et d'années,
Je suis le morne époux des vieilles fleurs fanées,
Un diseur de légende et non le gai jouteur,
Qu'implore votre voix de bel oiseau chanteur.
Mais moi, l'âge a figé le sang bleu dans mes veines,
Enfant, et votre espoir poursuit des ombres vaines.
Que faites-vous encore assise à mes genoux ?
Un jeune chevalier, à l'œil clair, au poil roux,
Voilà l'heureux ami qui calmerait votre âme
Et vous perdez ici votre temps, belle dame.
Allez, laissez le sage en repos errer...

VIVIANE

        Non ;
Car serve de Myrdhinn est encore un beau nom
Et mon rêve d'amour est un rêve de gloire.
Mais trêve de propos, conte-moi quelque histoire,
Toi qui sais la légende et les mythes païens,
Fais-moi quelque récit d'ombre et d'amour anciens,
Qui me console un peu du triste sort du nôtre.

MYRDHINN

Et l'on dira plus tard : Myrdhinn était l'apôtre
Et dame Viviane était son clerc d'amour.

VIVIANE

Pourquoi pas !.. j'ai chanté... toi, raconte à ton tour.

MYRDHINN

Soit. Je vous dirai donc que dans Brocéliande
Une dame galloise, amoureuse et friande,
Etant un soir assise à l'endroit que voilà,
Sous un chêne, un devin...

VIVIANE

       Non, non, pas celle-là,

Doux sire, mais plutôt cette étrange légende
D'Orient, où l'on voit un roi de Samarcande
Dans une ville bleue aux toits en parasol
Et des mages persans interroger le vol
Des aigles, au chevet d'une reine captive.
Tu t'en souviens, le roi voulait l'enterrer vive
Pour l'avoir à lui seul cachée à tous les yeux.

MYRDHINN, *se penchant sur Viviane et lui prenant les mains.*

Il s'agissait d'un charme ailé, mystérieux ?

VIVIANE

Et c'était effrayant, ce vieux roi sur ce trône
Entrevu, lourd de pourpre et d'anneaux d'ambre jaune.

MYRDHINN, *se levant.*

Et ce charme endormeur aux savants rythmes d'or.
Ce divin conte ailé, tu veux l'entendre encor.
(*Il la repousse et descend vivement sur la scène.*)
O rêveuse obstinée, âme fourbe et féline !
(*S'arrêtant et portant ses deux mains à son cœur.*)
Mon cœur en est glacé d'effroi dans ma poitrine.
Dans quel abîme affreux descendais-je enlacé ?

VIVIANE, *restée au pied du chêne, à demi-levée.*

Mais qu'a-t-il donc ? il tremble !

MYRDHINN, *en lui-même.*

                Esprit froid et rusé,
Embûche de galloise et d'âme ambitieuse.
Par le roi Salomon, la dame est périlleuse !
(*La regardant de côté.*)
Avec ce front d'archange et cet œil calme et pur !

VIVIANE

J'ai peur.. Que trame-t-il en son langage obscur ?
(*Elle se lève et s'avance lentement, craintive, de son côté.*)

MYRDHINN, *à lui-même sur le devant de la scène.*

J'ai vaincu les serpents, je tordrai la vipère.
(*Il hésite, puis avec un grand geste.*)
Bah ! je n'ai pas cherché l'hydre dans son repaire.
Tous les moyens sont bons quand on veut en finir.

VIVIANE, *timidement.*

Myrdhinn !

MYRDHINN

Et le passé répond de l'avenir.
(*Il se retourne et voit Viviane derrière lui.*)

VIVIANE, *s'appuyant à l'épaule de Myrdhinn.*

Mon doux maître, ai-je eu tort et blâmez-vous mon zèle ?

MYRDHINN, *souriant en lui prenant la main.*

Non. Le conte effraierait une humble demoiselle ;
Mais, quand ma dame prie, elle ordonne... et le vent
De son léger caprice est un chêne mouvant,
Où ses désirs émis sont fleurs épanouies.
Je vais donc vous conter des choses inouïes.
Mais j'ai là dans une outre un breuvage divin,
Dont je voudrais avant, dans mon casque d'or fin,
Boire large rasade... après, si ma voix tremble,
Que Myrdhinn soit hué... nous en boirons ensemble :
C'est un vin merveilleux, vous, pour mieux écouter,
Moi pour chauffer ma verve et pour mieux raconter.
(*Il s'approche du chêne et en détache l'outre et le casque d'or.*)

VIVIANE, *à elle-même.*

La partie est perdue et je suis découverte.
Ce philtre est mon arrêt... refuser, c'est ma perte.
Ah ! maudite soit l'heure, où, dans mon fol orgueil
J'ai tissé mon suaire et cloué mon cercueil !

MYRDHINN, *versant le vin de l'outre dans le casque.*

La belle Viviane, au lieu d'un vidrecome,
De Myrdhinn voudra-t-elle accepter l'humble heaume ?

VIVIANE *s'approche en chancelant.*

Je me sens défaillir... Pour un honneur pareil
Cléopâtre eût donné l'ongle de son orteil
Et j'en baise à genoux la main de mon doux sire.
(*Elle se penche et cherche à baiser la main de Myrdhinn, qui lui garde la main dans la sienne.*)
La terreur dans ma gorge étrangle le sourire :
Je suis perdue.

MYRDHINN, *sur le devant de la scène, lui offre le casque plein de vin.*

Hé bien, le vin est clair et blond.
Par ce mufle loyal et funeste au félon,
Qui grimace et flamboie au cimier de mon casque,
Amante au cœur loyal, buvons à la Tarasque.

VIVIANE, *élevant le casque à la hauteur de ses lèvres.*

A votre loyauté, maître !

MYRDHINN, *la regardant boire, à part.*

Un vin sans pareil
Pour dompter l'énergie et donner le sommeil.
Que tes vœux soient remplis, tu connaîtras le charme,
Mais inerte, vaincue, et désormais sans arme.
(*Avec un grand geste, à lui-même, cessant de regarder Viviane.*)
Ah ! tu rampais dans l'ombre et méditais ma mort ;
Tu dormiras.
(*Viviane a feint de boire, jetant le breuvage par dessus son épaule, elle tend le casque à Myrdhinn qui le prend et feint d'y tremper ses lèvres.*)

VIVIANE *avec un cri se jetant de côté.*

Sauvée ! et toi, mon cœur, moins fort.
Moins fort, mon pauvre cœur !
(*S'approchant de Myrdhinn.*)
Et maintenant, mon maître,
Je suis à vous, j'écoute.

MYRDHINN, *déposant le casque au pied du chêne et la regardant.*

Elle a pâli, pauvre être !
Déjà sa chair en proie à l'horrible frisson
Blêmit... Qu'elle s'éteigne au moins sans un soupçon.
(*Il s'asseoit sous le chêne. Viviane s'assied à ses pieds, dans sa pose du lever du rideau.*)
Puisque vous l'exigez, voici donc la légende.

VIVIANE

Oh ! pardon... laisse-moi...
(Elle prend la main de Myrdhinn et regarde curieusement l'anneau de son doigt.)
         Cette pierre en amande
Qui luit en larme froide et verdâtre à tes doigts,
Dis, c'est une émeraude ? On m'a dit qu'autrefois
Celle de Salomon le rendait invisible
Et chassait les esprits errants, est-ce possible ?

MYRDHINN

Tout est possible, hélas ! les chimères étant
Dans les cerveaux de femme un mirage éclatant !
Mais de quel charme ailé désirez-vous l'histoire ?
De la danse d'Endor ou de la perle noire,
Qui, dissoute au soleil dans l'écume des flots,
Etincelle à mon doigt, en joyau vert éclos ?

VIVIANE, *implorante et tenant toujours la main de Myrdhinn.*

Oh ! le charme d'Endor, Myrdhinn, fais que j'entende
Le conte d'Orient, et dans Brocéliande
Le défiant Myrdhinn aura comblé les vœux
De l'humble Viviane.

MYRDHINN, *à part.*

     Ainsi donc tu le veux,
Couleuvre aux yeux de femme ?
        (Haut.)
        Apprends donc la légende.
(Il conte, Viviane est à ses pieds.)
Il était autrefois un roi de Samarcande,
A la fois mage en Perse et prêtre dans Assur,
Et la neige des monts, l'or des blés et l'azur
Des mers étaient du Tigre au Gange son domaine.
Il était aussi grand qu'est la puissance humaine.
De lourds vaisseaux de guerre amenaient dans ses ports
Des captives, de l'ambre... et des têtes de morts
Pourrissaient dans l'écume et la pluie à leurs proues.
Des gibets emplissaient ses villes, et les roues
De son char écrasaient tant de peuples divers,
Que des vautours planaient sur son front dans les airs.

Un soir qu'à la terrasse assis, le buste roide,
Dans sa pourpre il songeait...

(Durant ce récit, Viviane, une main dans celle de Myrdhinn, s'est peu à peu endormie, la tête renversée, pâle sous le clair de lune; aux derniers vers elle dort d'un profond sommeil. Myrdhinn se penche vers elle.)

       Mais elle est déjà froide.

Pauvre âme !
  (La regardant.)
    Elle eût pu vivre, hélas ! des jours charmants
Sans cette soif de gloire obsédante.
      (Il la prend dans ses bras.)
       Enivrants
Et fous étaient ses yeux à la large prunelle ;
Et je vais les fermer dans la nuit éternelle.
 (Il s'agenouille près d'elle.)
Je crois la voir encore assise à mes genoux
Et me chantant tout bas ses refrains lents et doux.

    Des parfums de mes lourdes tresses,
    Mêlés au goût de mes baisers,
    J'ai fait de savantes caresses
    Pour les désirs inapaisés.

Et comment Viviane un soir fut endormie.

(Il la prend dans ses bras et la porte au milieu des touffes de lys et d'iris voisines du chêne. Une fois Viviane étendue dans les fleurs, il la regarde et s'adressant à son corps. — Musique très douce. — La lune tombe en plein sur les fleurs et le corps de Viviane.)

Scène IVe

Myrdhinn.

Douce et perfide dame, adorable ennemie,
Ces lys en sont témoins, je voulais t'épargner
Mais ton sauvage orgueil n'a pu se résigner
Et j'ai dû t'endormir, ô dame périlleuse !
Le breuvage a fermé ta bouche astucieuse
Et le charme endormeur aux souples rythmes d'or,
Le charme que ta bouche en rêve implore encor,

Va t'enclore à jamais invisible et vivante
Dans le cercle mouvant de sa danse savante.
O doigts légers et frais, qui frôliez mes genoux,
Bras errants, lents baisers, et vous longs cheveux roux
Qui méditiez ma perte, un léger sortilège
De Myrdhinn vous déjoue, et les cheveux de neige
Et la barbe d'argent ont pris les cheveux d'or.
Ni corbeau croassant, ni fanfare de cor,
Quand j'aurai prononcé les trois phrases magiques,
Ne pourront réveiller tes beaux yeux léthargiques
Et tu vas dans la ronce et les lys à jamais
T'engloutir invisible... et pourtant je t'aimais.

(*La musique cesse, il lui croise les bras sur sa robe, la baise sur les yeux, puis posant sa tête dans les fleurs.*)

Cette tête adorable, ardente et douloureuse,
Je l'ai pourtant aimée.

(*Il referme autour d'elle les lys et les fougères, puis les ouvrant encore une fois, envoie un dernier baiser à Viviane.*)

Adieu, pâle amoureuse,
Adieu !

(*Les fougères se referment dérobant Viviane aux regards, la lune a disparu derrière les pins. — D'une voix lente et élevant ses deux bras au-dessus de sa tête.*)

Toi, maintenant, toi, dont le charme endort,
Danse fée, ouvre-toi sous mes pas, cercle d'or.

(*Il tourne lentement en tournant sur lui-même autour de la touffe de fleurs où repose Viviane. — Trois cercles très lents, accompagnés de gestes très lents au troisième cercle, la touffe de fleurs est lumineuse.*)

VOIX LOINTAINES

Ah ! ah ! ah !

AUTRES VOIX, *dans l'éloignement.*

Ah ! ah ! ah !

VOIX DE FEMMES, *loin, très loin.*

De nos hypogées,
En files rangées,
La main dans la main,
A ta voix captives,
Nos âmes plaintives
Accourent, devin.

D'AUTRES VOIX

Ah ! ah ! ah !

AUTRES VOIX

Ah ! ah ! ah !

(Les voix s'éteignent, la touffe redevient obscure. Seul un cercle lumineux marque les pas de Myrdhinn.)

MYRDHINN, *s'essuyant le front et écoutant.*

Des prêtresses d'Endor, la voix faible et plaintive
Au-dessus des déserts jusqu'à ces bois arrive.
(Il recommence les trois cercles et les gestes précédents.)
Pour la seconde fois, toi dont le charme endort,
Danse fée, ouvre-toi sous mes pas, cercle d'or.
(Au troisième cercle, la touffe reparaît lumineuse et paraît croître à vue d'œil. — Musique lointaine.)

LES VOIX

Ah ! ah ! ah !

AUTRES VOIX

Ah ! ah ! ah !

VOIX PLUS RAPPROCHÉES

    Sous nos bandelettes
    Nos mains violettes
    Ont frémi trois fois,
    Et par les bruyères
    Les doigts des sorcières
    Ont frôlé nos doigts.

LES VOIX

Ah ! ah ! ah !

AUTRES VOIX

Ah ! ah ! ah !

(Silence. — Cette fois la touffe reste enflammée, ainsi que le cercle et Myrdhinn, qui semble lumineux.)

MYRDHINN, *même jeu.*

Pour la troisième fois, toi, dont le charme endort,
Danse fée, ouvre-toi sous mes pas, cercle d'or.
(La touffe monte toujours.)

LES VOIX, *plus éloignées*.

Ah ! ah ! ah !

AUTRES VOIX

Ah ! ah ! ah !

LES VOIX LOINTAINES, *très lointaines*.

Sous nos hypogées,
En files rangées,
La main dans la main,
Nos âmes fidèles
Vont à tire-d'ailes.
Adieu, blanc devin.

UNE VOIX

Ah ! ah !

UN ECHO

Ah !

(*La touffe lumineuse, le cercle, Myrdhinn lui-même, tout redevient obscur. Silence. La lune qui s'était éclipsée reparait lentement dans le ciel. La touffe de fougères et de lys apparait considérablement grandie et épaissie.*)

MYRDHINN

Les Prêtresses ont fui : la lourde somnolence
Du charme rôde encore et le bois en silence
Berce au vent endormi ses grands chênes épars.

(*Regardant la touffe de fleurs géantes.*)

Les lys l'ont à jamais dérobée aux regards.

(*Un immense éclat de rire retentit en ce moment au fond de la scène. Il s'arrête, il écoute, silence.*)

C'est un cri de chouette au loin sous les futaies ?
La lune, qui se lève, éveille les orfraies !

(*Le rire éclate cette fois plus rapproché suivi de plusieurs autres.*)

Non, ce n'est pas le cri lugubre du hibou.
Qui peut rire à minuit ce rire étrange et fou ?
C'est quelqu'esprit des bois qui dans l'ombre erre et rôde.

(*Troisième rire répété par l'écho, si bien que la forêt entière semble éclater de rire. Myrdhinn portant sa main droite à sa main gauche.*)

A moi, magique anneau !

(*Il ôte son annulaire gauche, et s'appuyant au grand chêne.*)

Juste Dieu !

UNE VOIX

                      L'émeraude,
Qui te rend invisible et chasse les esprits,
Tu ne l'as plus, vieux mage, au piège enfin surpris :
Et je ris à mon tour de ta déconvenue.

MYRDHINN

Viviane !

VIVIANE, *apparaissant derrière le chêne.*

Elle-même !

(Elle est presque nue dans une légère et longue robe de gaze blanche transparente, les bras et les épaules nues. Sur la tête le casque d'or ailé d'or rouge de Myrdhinn. Elle s'arrête et sourit.)

Scène V^e

Myrdhinn, Viviane.

MYRDHINN, *se laissant tomber à genoux près du chêne.*

                Ah !

VIVIANE, *s'avançant.*

                      Cette voix connue
N'est ni le rire ailé d'un rôdeur esprit fou,
Ni la plainte sinistre et rauque du hibou.
Myrdhinn, tu m'as nommée, et me voici venue.
(Montrant le casque du doigt.)
Ton casque d'or en tête, hélas ! et presque nue,
Puisque tu m'as volé ma robe et mon hennin.
(Elle écarte d'un geste la touffe de fleurs géantes ; la robe vide et le hennin de Viviane apparaissent au milieu des lys, éclairés par la lune.)
Oui, la place était vide et j'ai trompé ta main.
(Elle laisse retomber le rideau de fougères, le hennin et la robe vide disparaissent. — Myrdhinn, qui s'est précipité pour les voir, se laisse glisser à terre à demi-affaissé devant Viviane. Elle est debout et souriante.)

VIVIANE

Puisque Myrdhinn a fait la folle songerie
D'endormir à jamais ma tunique fleurie

Et d'enchanter ma robe et mon hennin doré,
(Musique douce, la même que celle du discours de Myrdhinn)
J'ai dû ceindre le heaume aux guerriers consacré,
Le heaume, où te fiant aux vertus des Tarasques,
Tu verses aux félons des breuvages fantasques.
(Croisant les bras et raillant Myrdhinn.)
Se venger d'une dame en tenant endormis
Sa robe et son hennin, Arthur a-t-il permis,
Myrdhinn, cette traîtrise aux preux de son cortège !
Hennin de Viviane, on vous a pris au piège !
(Elevant les bras et se caressant les doigts.)
O doigts légers et frais, qui frôliez mes genoux,
Disais-tu,
    (Elle baise ses bras.)
    Lents baisers,
        (Elle peigne ses cheveux.)
        Et vous, longs cheveux roux,
Qui méditiez ma perte, un léger sortilège
De Myrdhinn vous déjoue, et les cheveux de neige,
Et la barbe d'argent ont pris les cheveux d'or.
(Eclatant.)
Imbécile... Echappée à ton charme de mort,
Je vis, je vois, je ris, et la danse savante
Qui devait m'engloutir invisible et vivante,
Ces grands bois stupéfaits vont la revoir encor.
(Tendant la main vers Myrdhinn.)
Ni corbeau croassant, ni fanfare de cor,
Quand j'aurai prononcé les trois phrases magiques,
Ne pourront réveiller tes beaux yeux léthargiques
Et tu vas dans la ronce et les lys à jamais
T'engloutir invisible et pourtant je t'aimais !
(Se penchant sur Myrdhinn.)
Le grand chêne orgueilleux raillait l'humble liane,
La liane aujourd'hui l'étouffe...
    (Se redressant.)
        Et Viviane
Triomphe... Et maintenant, toi, dont le charme endort,
Danse fée, ouvre-toi sous mes pas, cercle d'or.

(Myrdhinn est tombé à genoux devant Viviane, il se tait, affaissé, accablé, stupide. Elle, lumineuse sous la lune, tourne lentement autour de Myrdhinn avec les mêmes gestes lents et les trois cercles de la danse de tout à l'heure.)

LES VOIX LOINTAINES
Ah ! ah ! ah !

AUTRES VOIX, *dans l'éloignement.*
Ah ! ah ! ah !

VOIX DE FEMMES, *loin, très loin.*
De nos hypogées,
En files rangées,
Les doigts dans les doigts,
Au charme captives,
Nos âmes plaintives
Viennent à ta voix !

(*Les herbes et les fleurs croissent lentement autour de Myrdhinn déjà inanimé : la toile se referme lentement et la salle gothique reparait, dérobant la forêt de Brocéliande.*)

LE CONTEUR
Et, riant à Myrdhinn qui pleurait en silence,
La dame au clair de lune exécuta la danse.
(*Refermant le livre.*)

Or donc, voici comment, sous Arthur, roi du Nord,
Viviane, la fille onduleuse, aux crins d'or,
Satisfit sa rancune en endormant dans l'ombre
Myrdhinn, le mage errant, le héros doux et sombre,
Le bienfaiteur d'Arthur et du peuple breton.
Les vieux harpeurs gallois ont conservé son nom.

JEAN LORRAIN.

www.ingramcontent.com/pod-product-compliance
Lightning Source LLC
Chambersburg PA
CBHW060609050426
42451CB00011B/2154